BEI GRIN MACHT SICH IHR WISSEN BEZAHLT

AF168039

- Wir veröffentlichen Ihre Hausarbeit,
  Bachelor- und Masterarbeit

- Ihr eigenes eBook und Buch -
  weltweit in allen wichtigen Shops

- Verdienen Sie an jedem Verkauf

Jetzt bei www.GRIN.com hochladen und kostenlos publizieren

Bibliografische Information der Deutschen Nationalbibliothek:

Die Deutsche Bibliothek verzeichnet diese Publikation in der Deutschen National-
bibliografie; detaillierte bibliografische Daten sind im Internet über http://dnb.d-
nb.de/ abrufbar.

Dieses Werk sowie alle darin enthaltenen einzelnen Beiträge und Abbildungen
sind urheberrechtlich geschützt. Jede Verwertung, die nicht ausdrücklich vom
Urheberrechtsschutz zugelassen ist, bedarf der vorherigen Zustimmung des Verla-
ges. Das gilt insbesondere für Vervielfältigungen, Bearbeitungen, Übersetzungen,
Mikroverfilmungen, Auswertungen durch Datenbanken und für die Einspeicherung
und Verarbeitung in elektronische Systeme. Alle Rechte, auch die des auszugsweisen
Nachdrucks, der fotomechanischen Wiedergabe (einschließlich Mikrokopie) sowie
der Auswertung durch Datenbanken oder ähnliche Einrichtungen, vorbehalten.

Impressum:

Copyright © 2019 GRIN Verlag
Druck und Bindung: Books on Demand GmbH, Norderstedt Germany
ISBN: 9783346176493

Dieses Buch bei GRIN:

https://www.grin.com/document/595961

Ther Sa

Widerstand gegen den Nationalsozialismus

Warum gab es zur NS-Zeit nur so Wenige, die sich wehrten?

GRIN Verlag

GRIN - Your knowledge has value

Der GRIN Verlag publiziert seit 1998 wissenschaftliche Arbeiten von Studenten, Hochschullehrern und anderen Akademikern als eBook und gedrucktes Buch. Die Verlagswebsite www.grin.com ist die ideale Plattform zur Veröffentlichung von Hausarbeiten, Abschlussarbeiten, wissenschaftlichen Aufsätzen, Dissertationen und Fachbüchern.

Besuchen Sie uns im Internet:

http://www.grin.com/

http://www.facebook.com/grincom

http://www.twitter.com/grin_com

Widerstand gegen den Nationalsozialismus im Dritten Reich

WARUM GAB ES ZUR NS-ZEIT NUR SO WENIGE, DIE SICH WEHRTEN?

Inhalt

1. Einleitung 1

2. Was ist mit Widerstand gegen den Nationalsozialismus gemeint? 3

3. Widerstandsarten und -gruppen 3

3.1 Aktiver Widerstand 3

    3.1.1 Sophie und Hans Scholl: Weiße Rose 4

3.2 Passiver Widerstand 5

    3.2.1 Die Swing-Jugend 5

    3.2.2 Miep Gies 6

4. Allgemeine Situation zur NS-Zeit 6

4.1 Vorteile der NS-Zeit 6

4.2 Was tat Hitler, um Widerstand zu unterdrücken? 7

4.3 Weitere Hürden für Widerstandskämpfer 7

5. Nationalsozialismus heute? 8

6. Fazit 11

Literaturverzeichnis 12

Warum gab es zur NS-Zeit nur so Wenige, die sich wehrten?

1. Einleitung

Der Nationalsozialismus war ein prägender Teil der deutschen Geschichte. Er begann äußerst
5 präsent in Deutschland zu werden, als Adolf Hitler am 30. Januar 1933 von Reichspräsident
Paul Hindenburg zum Reichskanzler ernannt wurde. Von da an übernahm Hitler immer mehr
Macht, bis er durch das Ermächtigungsgesetz schließlich Gewalt über Legislative und
Exekutive hatte und die Weimarer Republik durch Terror (in Form von Propaganda),
Rechtsbrüche und die Gleichschaltung aller Deutschen in eine Diktatur, einen
10 nationalsozialistischen Staat, umwandeln konnte. „Der Nationalsozialismus ist eine radikal
antisemitische, rassistische, nationalistische (chauvinistische), völkische, sozialdarwinistische,
antikommunistische, antiliberale und antidemokratische Ideologie[1]", nach der Hitler seine
Herrschaft richtete.

Spätestens ab dem Zeitpunkt, als Hitler 1939 mit dem militärischen Einfall in Polen den
15 zweiten Weltkrieg auslöste, begannen einige Deutsche, die Reden ihres „Führers[2]" zu
hinterfragen. So bildeten sich einige Widerstandsgruppen, oder Widerstandskämpfer wurden
alleine tätig.

Währenddessen nahm der WWII[3] seinen Lauf und an allen Fronten starben tausende
Menschen.
20 Weitere Menschen wurden in den deutschen Arbeitslagern unter den schlimmsten Umständen
festgehalten oder in KZs[4] umgebracht.

Als die Alliierten[5] bei Kriegsende in Deutschland einmarschierten, war für sie längst klar,
dass das gesamte Volk eine Mitschuld an der nationalsozialistischen Herrschaft trug.

Viele der Deutschen erklärten daher, dass alles nicht ihre Schuld gewesen sei, schließlich
25 wären sie ja von Hitler manipuliert worden. Außerdem standen doch nicht alle Deutschen
geschlossen hinter Hitler und seiner Politik, sondern sie selbst hätten sich dagegen gewehrt,
oder zumindest versucht, sich zu wehren.

---

[1] https://de.wikipedia.org/wiki/Nationalsozialismus
[2] Adolf Hitler ließ sich während seiner Zeit als Diktator „Führer" nennen
[3] WWII = World War II → zweiter Weltkrieg
[4] Konzentrationslager
[5] USA, Großbritannien, Frankreich und Russland als verbündete Kriegsmacht

Aber, würde so etwas wie der Nationalsozialismus heute wieder geschehen, was würden wir tun? Die Meisten würden sagen: „Natürlich würde ich mich nicht mitreißen lassen, sondern Widerstand leisten!"

Warum gab es jedoch zur NS-Zeit nur so Wenige, die sich wehrten?

5   Auf diese Frage wird in der Hausarbeit näher eingegangen.

Zur Untersuchung der Leitfrage beschäftigt man sich zunächst damit, was überhaupt als Widerstand gegen den NS[6] gewertet wird.

Es werden verschiedene Widerstandslager vorgestellt, um zu sehen, was für Arten von Widerstand tatsächlich umgesetzt wurden. Im Zusammenhang damit wird näher auf die

10   Widerstandsgruppe um Sophie und Hans Scholl, auf die Swing-Jugend und auf Miep Gies eingegangen.

Zusätzlich ist auf die damalige Situation hinzuweisen - speziell was die Umstände betrifft, die den Widerstand gegen das NS-Regime verhinderten, und drohende Strafen für Leute, die Wiederstand leisteten, aber auch Vorteile, die die NS-Zeit mit sich brachte.

15   Als Übergang zur Leitfrage, wird sich im Anschluss damit beschäftigt, wie wir heute reagieren würden, wenn so etwas wie der NS wieder passieren würde, da dies zur Nachvollziehbarkeit der Situation der Menschen, die im NS gelebt haben, bedeutend ist. Dazu wird kurz das Buch „Die Welle" von Morton Rhue[7] thematisiert.

Zum Schluss wird die Frage „Warum gab es zur NS-Zeit nur so Wenige, die sich wehrten?"

20   wieder angesprochen und mithilfe der Informationen aus dem Hauptteil beurteilt.

---

[6] NS = Nationalsozialismus
[7] Roman aus dem Jahr 1981, der die Ereignisse an einer Highschool in einer US-amerikanischen Kleinstadt beschreibt, basiert auf einer wahren Geschichte aus dem Jahr 1967

2. Was ist mit Widerstand gegen den Nationalsozialismus gemeint?

Widerstand gegen den Nationalsozialismus zu leisten, bedeutet die Regeln beziehungsweise Gesetzte des NS-Regimes nicht zu befolgen oder diese gar zu hinterfragen, sowohl in Deutschland als auch in den von der Wehrmacht besetzten Gebieten. Das galt im öffentlichen
5   und privaten Bereich.

Beispielsweise galt man bereits als Widerständler, wenn man als Jude nicht den gelben Davidstern[8] trug, aber auch wenn man privat verbotene Bücher[9] laß.

Widerstand muss also nicht heißen, sich an Anschlägen zu beteiligen oder Flugblätter zu verteilen. Auch einfacherere Dinge, wie zu melden, dass das eigene Kind an wichtigen
10 Treffen der HJ[10] vorgeblich krank sei, kann Widerstand sein. Solche kleineren Widerstandsaktionen sind allerdings kaum dokumentiert, weshalb sie für uns heute schwerer zurückzuverfolgen sind.

3. Widerstandsarten und -gruppen

15 Widerstand kann in zwei grundlegende Arten aufgeteilt werden: Der aktive und der passive Widerstand. Sie unterscheiden sich zwar auch durch ihre Vorgehensweise, aber größtenteils durch ihre Ziele.

Beim aktiven Widerstand stehen der Widerstand und das aktive Auflehnen gegen die Regeln im Vordergrund.

20 Beim passiven Widerstand steht hingegen das Durchsetzen eigener Ziele im Vordergrund. Passiver Widerstand ist außerdem ein gewaltfreier Aufstand.

3.1 Aktiver Widerstand

Aktiver Widerstand ist, wie oben genannt, aktives Auflehnen gegen die Regeln. Dabei steht
25 das Informieren des Volks, das geschlossen für Änderung sorgen sollte, oder das „selbst Handeln", also die Situation selbst in die Hand zu nehmen, ohne darauf zu warten, dass das Volk Vernunft annimmt, im Vordergrund.

---

[8] Der Davidstern kennzeichnete einen als minderwertigen Juden
(https://www.ndr.de/geschichte/chronologie/Zeichen-der-Verfolgung,judenstern100.html)
[9] z.B. Bücher von Emigranten, also „Landesverrätern"
[10] HJ = Hitlerjugend, Jugend/Nachwuchsorganisation der NSDAP

3

Dabei sind sich die Widerständler über ihren Unfolgsam gegenüber dem Gesetz bewusst und kennen auch die Folgen ihres Handelns, welche sie in Kauf nehmen.

3.1.1 Sophie und Hans Scholl: Weiße Rose

5   Hans Scholl[11] gründete mit seinem Freund Alexander Schmorell[12] im Jahr 1942 eine Widerstandsgruppe, der auch Hans' Schwester Sophie Scholl[13] später beitrat. Sie nannten sich die „Weiße Rose" und schrieben während ihrer Wirkungszeit insgesamt sechs Flugblätter, in denen sie die Leser von ihrer moralischen Pflicht zum Widerstand zu überzeugen versuchten. Das letzte Flugblatt schaffte es über Bekannte sogar bis nach England, wurde dort

10   vervielfältigt und von englischen Flugzeugen über Deutschland abgeworfen.

Eigentlich waren die Geschwister Scholl begeisterte Mitglieder der HJ beziehungsweise des BDM[14], obwohl sich ihr Vater mehrmals gegen eine Mitgliedschaft aussprach.

Entscheidend für die Gründung der Weißen Rose war der Tag, an dem die Gestapo[15] das Elternhaus der Geschwister durchsuchte und dabei Beweise für Hans' Tätigkeiten in der

15   „deutschen Autonomen Jungenschaft"[16] fand. Hans kam trotz eines Verhörs, bei dem herauskam, dass er eine längere Beziehung mit einem Mann hatte[17], dank seiner Mutter, die ihn vor der Gestapo als unreif und normalerweise total friedlich beschrieb, ohne Strafe davon. Als die Geschwister schließlich an der Münchner Universität zu studieren begannen, gründete Hans Scholl mit Alexander Schmorell die Weiße Rose. Sophie Scholl kam bald auch hinzu.

20   Sie kannten die Strafen und Verbote und handelten aktiv gegen den NS, weshalb sie ein bekanntes Beispiel für den aktiven Widerstand waren.

Und tatsächlich flogen sie auf, als sie am 18. Februar 1943 das sechste Flugblatt in der Münchner Universität verteilten. Einen Teil der Flugblätter warfen sie über die Balustrade in den menschenleeren Lichthof, wobei sie von dem Hausschlosser der Universität beobachtet

25   wurden. Kurz darauf traf die Gestapo ein und führte die Geschwister ab. Bei Hans Scholl

---

[11] Hans Scholl: 22.09.1918 - 22.02.1943
[12] Alexander Schmorell: 16.09.1917 – 13.06.1943
[13] Sophie Scholl: 09.05.1921 – 22.02.1943
[14] BDM = Bund deutscher Mädel
[15] Gestapo = Geheime Staatspolizei
[16] Verbotene Jugendgruppe
[17] Ein Verstoß gegen den damaligen Paragraphen 175 (verbietet sexuelle Handlungen zwischen Männern)

fanden die Beamten den Entwurf des siebten Flugblatts, geschrieben von einem weiteren Mitglied, Christoph Probst[18], der daraufhin ebenfalls verhaftet wurde.

Nach einem Geständnis, bei dem die Geschwister alle Schuld auf sich nahmen, wurden sie und Probst zum Tode verurteilt. Alle drei wurden am 22. Februar 1943 mit dem Fallbeil hingerichtet. In den folgenden Monaten wurden auch die restlichen drei Mitglieder der Weißen Rose gefasst und hingerichtet.

3.2 Passiver Widerstand

Passiver Widerstand hingegen ist, wenn man sich gegen die Regeln auflehnt, ohne dabei das Regelbrechen im Vordergrund zu haben. Es wird gewaltfrei und nicht auf kosten Anderer gehandelt, um eigene Ziele zu verfolgen.

Diese Ziele können von banal, wie zum Beispiel das Beibehalten von Traditionen oder dem Reiz des Verbotenen, bis entscheidend, zum Beispiel über Leben oder Tod eines Menschen, reichen.

3.2.1 Die Swing-Jugend

Die Swing-Jugend war eine weit verbreitete Jugendgruppe, die sich den Regeln der NSDAP[19] widersetzte. Sie organisierten heimlich Tanzveranstaltungen, auf denen sie sowohl gegen die Kleiderregeln, als auch gegen das Verbot, Swing und Jazz[20] zu Tanzen, verstießen.

Es gelang ihnen verbotene Lieder auf die Tanzveranstaltungen in den Großstädten zu schmuggeln, indem sie den Schallplatten harmlose deutsche Namen gaben. Bald grüßten sich die Jugendlichen sogar mit „Swing Heil!", statt des verbreiteten „Sieg Heil!".

Auch sie wurden immer brutaler von den Nazis verfolgt. Ihnen wurden die langen Haare abgeschnitten oder sie wurden sogar ins KZ gebracht.

Die Swing-Jugend leistete gewaltfrei Widerstand, weil ihre Mitglieder einfach nur Swing tanzen wollten. Dies war ein ziemlich banales Ziel, trotzdem war es ein Auflehnen gegen die Regeln, also Widerstand gegen den NS.

---

[18] Christoph Probst: 06.11.1919 – 22.02.1943
[19] NSDAP = Nationalsozialistische deutsche Arbeiterpartei, die Partei Adolf Hitlers
[20] Swing bzw. Jazz: aus Amerika kommende Musikrichtung; „Negermusik" gemäß NS-Bezeichnung

3.2.2 Miep Gies

Der Name Miep Gies selbst ist nicht vielen bekannt. Was sie aber getan hat, kennt so gut wie jeder. Miep Gies' Widerstand ist einer der berühmtesten, obwohl sie nur ein populäres
5 Beispiel von Hunderten war, die heimlich Juden versteckten.

Miep Gies[21] war die Sekretärin von Anne Franks Vater, Otto Frank, der jüdischer Kaufmann deutscher Herkunft[22] war.

Als die Deutschen in den Niederlanden einmarschierten, musste die vierköpfige Familie Frank fliehen. Sie verstecken sich zusammen mit vier weiteren Personen im Hinterhaus von
10 Otto Franks Firma.

Zwei Jahre lang versorgte Miep Gies mit der Hilfe ihres Mannes Jan Gies und drei anderen Helfern die acht Personen im Hinterhaus mit Nahrung, Kleidung und Neuigkeiten, da die Versteckten nicht nach draußen gehen durften.

Am 4. August 1944 verriet ein anonymer Anrufer die Familie schließlich an die Gestapo.
15 Miep Gies, die nur mit Glück davonkam, rettete Anne Franks Tagebuch, das heute weltberühmt ist.

4. Allgemeine Situation zur NS-Zeit

20 ## 4.1 Vorteile der NS-Zeit

Die NS-Zeit war zweifellos eine furchtbare Zeit, die keines Falls wiederholt werden darf. Trotzdem brachte sie auch ein paar Vorteile mit sich.

Zum einen hielt Hitler sein Wahlversprechen ein: er senkte die Arbeitslosigkeit zwischen 1933 und 1937 von 6 Millionen Menschen auf weniger als 1 Millionen Arbeitslose. Seine
25 Mittel waren jedoch weniger positiv, da er die Kriegsproduktion ankurbelte und Autobahnen baute, um schnelleres Vorankommen seiner Truppen zu garantieren. Die Autobahnen wurden schon zur Weimarer Republik vorgeschlagen, weshalb Hitler diese Idee nur noch umsetzen musste. Sie waren - und sind - jedoch auch für das Volk nützlich.

---

[21] 15.02.1908 – 11.01.2010
[22] Nach der Reichsprogromnacht wanderte die Familie Frank von Deutschland in die Niederlande aus

Zum anderen stabilisierte Hitler Deutschland auch auf sozialer Ebene. Er führte einige

Sozialleistungen, wie Kinder-, Urlaubsgeld oder das Ehestandsdarlehen ein, durch das ein

Paar bei der Heirat bis zu 1000 Reichsmark erhielt, die Frau aber ihren Beruf aufhören

musste. So wurde ein Fortbestand des deutschen Volks garantiert. Tatsächlich nahmen die

5   Heiraten in Deutschland zu, von rund 510.000 (1932) auf über 732.000 jährliche

Eheschließungen (1934)[23].

Außerdem war die NSDAP auch auf nationalpolitischer Ebene mit seiner Friedenspolitik

gegen die permanente Unterdrückung Deutschlands durch das Ausland[24] („Jemand musste in

Deutschland kommen, der sagt: den Frieden wollen wir, aber Entehrung lehnen wir ab.“[25])

10   produktiv, was das Volk beeindruckte und auf eine bessere Zukunft hoffen ließ.

4.2 Was tat Hitler, um Widerstand zu unterdrücken?

Das NS-Regime versuchte, mit Gestapo, SA[26] oder SS[27], Widerstand zu unterdrücken. Viele,

die sich gegen das System auflehnten oder Gesetze missachteten, wurden festgenommen, auf

15   brutalste Weise von der SA/SS gefoltert, teilweise in Konzentrationslager gesteckt und dort

getötet oder (öffentlich) mit dem Fallbeil oder dem Galgen hingerichtet, was ausschlaggebend

dafür war, dass es so wenige Widerstandkämpfer gab, denn ihre Angst vor dem Entdeckt-

Werden war meist größer als ihr Wille zum Widerstand. Die Meisten, die unzufrieden waren,

trauten sich nicht, ihr Schicksal selbst in die Hand zu nehmen, sondern hofften darauf, dass

20   jemand anderes sich gegen das System auflehnte.

4.3 Weitere Hürden für Widerstandskämpfer

Die Widerstandskämpfer stellten sich nicht nur gegen die Regierung, sondern auch gegen das

ganze Volk, das vollkommen von der Hitler-Diktatur überzeugt war. So waren sie in den

25   Augen der meisten Deutschen nicht Leute, die für das Gute kämpften, sondern

Landesverräter, die von der gesamten nationalsozialistischen Bevölkerung verachtet wurden.

Ein wichtiger Grund dafür, dass viele keinen Widerstand leisteten war auch die Frage nach

dem „Danach", die die Meisten nicht beantworten konnten. Wirklich Gedanken hatte sich nur

---

[23] https://www.dhm.de/lemo/kapitel/ns-regime/alltagsleben.html
[24] Propagandistisch geschickte Umschreibung für Expansion Deutschlands
[25] Die Reden Hitlers für Gleichberechtigung und Frieden (1934, 35 S., Text)
[26] SA = Sturmabteilung; politische Kampftruppe, eine Einheit der NSDAP
[27] SS = Schutzstaffel; Herrschafts- und Unterdrückungsinstrument von Hitler

die Gruppe von Widerstandskämpfern um Claus Schenk Graf von Stauffenberg mit der „Operation Walküre"[28] gemacht, die bei Hitlers Tod eine Notstandsregierung mit gleichzeitigem Ausschalten der NSDAP und der SS durch die Wehrmacht ausgelöst hätte.

5 Außerdem taten sich die Alliierten schwer, Widerstand in Deutschland anzuerkennen und somit nicht alle Deutschen unter Generalverdacht zu stellen, denn von ihnen wurde der Widerstand in Deutschland kaum zur Kenntnis genommen und selten unterstützt, obwohl sie in den von Deutschland besetzten Gebieten in der Unterstützung und Versorgung von dortigen Widerstandsgruppen aktiv waren.

10 ## 5. Nationalsozialismus heute?

Viele Menschen sagen, dass so etwas wie die Hitler-Diktatur nie wieder zustande kommen kann. Schließlich wurde aus der Vergangenheit gelernt.

Auch die Menschen, die in der Weimarer Republik oder zu Beginn der NS-Zeit lebten und den WWI[29] miterlebt hatten, werden sich wohl gedacht haben, dass Deutschland für lange
15 Zeit keinen Krieg mehr beginnen wird. Schließlich wurde aus der Vergangenheit gelernt.

Als dann jedoch der WWII vor der Tür stand, waren viele von der Notwendigkeit eines Kriegs überzeugt.

Woher kam also der (plötzliche) Sinneswandel? Und kann uns heute wieder so etwas passieren?

20 Um diese Frage zu klären, kann man das Buch „Die Welle" von Morton Rhue verwenden. Es beruht auf einer wahren Begebenheit, dem Experiment „The Third Wave", durchgeführt von Ron Jones.

Darin geht es um eine Schulklasse an einer amerikanischen Highschool, die im Geschichtskurs bei dem Lehrer Ben Ross das Thema Faschismus[30] und Nazi-Deutschland
25 behandelt. Als die Schüler fragen, wie es zu etwas so schrecklichen kommen konnte, hat der Lehrer keine Antwort. Also beginnt er, sich genauer in das Thema einzulesen, bemerkt aber, dass der Grund gar nicht in Worte zu fassen ist.

---

[28] Eigentlich Plan v. Wehrmacht zur Unterdrückung v. Aufständen gegen NS-Regierung, wurde aber zu Putschversuch-Plan umgestaltet
[29] WWI = World War 1 → erster Weltkrieg
[30] Rechtes Regierungssystem, „Führer" wird verehrt, Volksgemeinschaft steht über Wohl des Einzelnen

„Vielleicht sollte er eine Stunde oder zwei auf ein Experiment verwenden und den Schülern ein Gefühl dafür geben, was es bedeutet haben mochte, in Nazi-Deutschland zu leben? Wenn es ihm gelang, eine treffende Situation zu erfinden, konnte er damit die Schüler wirklich weit stärker beeindrucken als mit allem, was Bücher erklären konnten."[31]

5   Also startet er das Experiment „Die Welle" und bringt seinen Schülern nach und nach die Prinzipien der Welle bei: Macht durch Disziplin; Macht durch Gemeinschaft; Macht durch Handeln.

Diese Prinzipien schildert Ross den Schülern durch eine strenge, autoritäre Unterrichtsform, Gruppensymbole (Zeichen, Gruß, Uniform) und die Verpflichtung, als geschlossene Gruppe
10 zu agieren, die wegen der Verteilung verschiedener Posten ein hierarchisches Überwachungssystem auslöst.

Trotzdem haben die Schüler Spaß, als geschlossene, elitäre Gruppe zu handeln, weil es den Anschein machte, als seien alle auf einmal gleichgestellt, selbst Außenseiter werden mit einbezogen. So beginnen sie, die Grundsätze ihrer Bewegung zu verinnerlichen. Ross bemerkt
15 allerdings, dass seine Schüler aufhören, selbstständig zu denken und Fragen zu stellen, sie werden gefügiger.

Auch in dem Buch gab es Widerstand seitens Schüler, die die Regeln der Welle nicht akzeptieren wollten. Dieser Widerstand ging sogar so weit, dass von den Widerstandskämpfern Flugblätter geschrieben und verteilt wurden, um die Mitläufer der
20 Welle zu überzeugen, nachzudenken.

Erst als Mitschüler Gewalt erfahren, weil sie sich der Welle nicht anschließen wollen, beginnt Ross, über den Verlauf des Experiments nachzudenken. Schließlich wird er von seiner Ehefrau und Schülern, die wegen der Welle nicht mehr zu seinem Unterricht erscheinen, gedrängt, das Experiment abzubrechen.

25 Also ruft er eine Vollversammlung der Welle ein, um ihnen eine Ansprache ihres „Führers" zu zeigen, stattdessen erscheint Hitler auf der Leinwand. Dazu meint Ben Ross: Ja, ja, sie wären alle gute Nazis gewesen.

Alle Schüler sind beschämt, da sie nun ihre Antwort hatten, wie der NS entstehen konnte. Auch sie waren dem Faschismus zum Opfer gefallen.

---

[31] Morton Rhue: „Die Welle", S. 29 u. 30

Man kann sehen, dass trotzdem, dass das Thema Nationalsozialismus gerade im Unterricht behandelt wurde, eine faschistische Bewegung einen Großteil der Schüler mitgerissen und überzeugt hat.

So könnte es auch uns heute passieren, dass wir (anfänglich) gar nicht merken, wie sich eine
nationalsozialistische/faschistische Bewegung bildet.

Der größte Teil der Bevölkerung würde vermutlich erst merken, dass man auf die Widerstandskämpfer hören hätte sollen, wenn es zu spät ist.

Genau so war es auch zur NS-Zeit. Das ganze Volk war sich seiner Sache sicher, mindestens bis die Erfolge der Wehrmacht ausblieben. Ab da begannen vermutlich Einige, eher über das
NS-Regime und die Folgen ihres Handelns nachzudenken und eher zu zweifeln.

Manche wollten sich später den Fehler, die NSDAP gewählt zu haben, vermutlich nicht eingestehen, weshalb sie zwar innerlich zweifelten, aber äußerlich genauso weiter handelten, wie sie es bisher getan hatten.

6. Fazit

Abschließend ist somit die Antwort auf die Frage „Warum gab es zur NS-Zeit nur so Wenige, die sich wehrten?" in zwei Gründe aufzuteilen.

Zum einen gab es die Menschen, die garkeinen Grund zum Widerstand sahen. Der
5 Nationalsozialismus brachte für viele einige Vorteile und positive Gesichtspunkte: Sie bekamen teilweise zusätzliches Geld, die Arbeitslosenquote sank und Autobahnen wurden gebaut. Für die Meisten sah es so aus, als ob Hitler das perfekte, wirtschaftlich und sozial stabile Deutschland geschaffen hätte.

Zusätzlich sahen sie durch Propaganda die negativen Aspekte nicht, oder ignorierten sie
10 wissentlich. Selbst wenn sie etwas zu beklagen hatten, sahen die Meisten darüber hinweg, da Hitler ihnen ja so viel anderes zu Gute kommen lassen hatte.

Meistens merkten sie noch nicht einmal, dass sie manipuliert wurden. Es habe schließlich eine Wahl, bei der ein Großteil des Volks für Hitler und die NSDAP gestimmt hatte, gegeben, weshalb sie nicht manipuliert worden seien können, sondern freiwillig den
15 Nationalsozialismus gewählt hätten. So konnte Hitler seine Diktatur als vom Volk gewollt bezeichnen.

Genauso war es auch beim Experiment „Die Welle". Die Schüler machten bewusst bei der Bewegung mit.

Zum anderen gab es natürlich auch die Menschen, die unzufrieden waren, solche Leute gibt es
20 immer. Daher war Hitler auch schon auf diese Art von Menschen vorbereitet. Er drohte schlimme Strafen an und schreckte die Bevölkerung mit öffentlichen Hinrichtungen ab, sodass sich die Wenigsten überhaupt trauten, Widerstand zu leisten.

Diese Hinrichtungen ließ Hitler gegenüber der Bevölkerung als Strafe für Landesverräter darstellen, weshalb er dem naiven Volk erzählen konnte, es sei nur zu ihrem Besten. So
25 gewann er weiter die Achtung der von ihm überzeugten Menschen, wodurch diese wieder weniger darüber nachdachten, Widerstand zu leisten.

Selbst wenn sie sich entschieden, sich gegen das System aufzulehnen, wussten die Meisten nicht, was nach dem Erreichen ihres Ziels passieren sollte. Aus Angst vor dem Chaos ließen viele es schlussendlich doch bleiben, Widerstand zu leisten.

30

Literaturverzeichnis

Anne Frank Stichting, Amsterdam. „Deutschland 1933: Von der Demokratie zur Diktatur: anne frank house." *anne frank house*. 2018. https://www.annefrank.org/de/anne-frank/vertiefung/deutschland-1933-von-der-demokratie-zur-diktatur/ (Zugriff am 3. Januar
5   2020).

Arnulf Scriba: Deutsches Historisches Museum, Berlin. „Nationalsozialismus > Alltagsleben: 20LemoJahre." *20LemoJahre*. 6. August 2015. https://www.dhm.de/lemo/kapitel/ns-regime/alltagsleben.html (Zugriff am 3. Januar 2020).

„Die Reden Hitlers fuer Gleichberechtigung und Frieden (1934, 35 S., Text): Internet Archive."
10   *Internet Archive*. kein Datum. https://archive.org/stream/Die-Reden-Hitlers-fuer-Gleichberechtigung-und-Frieden/DieRedenHitlersFuerGleichberechtigungUndFrieden193435S.Text_djvu.txt (Zugriff am 1. Januar 2020).

Ein netz für Kinder; Beauftrage der Bundesregierung für Kultur und Medien; Bundesministerium für
15   Familie, Senioren, Frauen und Jugend. „NS-Zeit: ZEIT KLICKS." *ZEIT KLICKS*. 2011-2013. https://www.zeitklicks.de/nationalsozialismus/zeitklicks/zeit/alltag/ (Zugriff am 4. Januar 2020).

„Liste verbotener Autoren während der Zeit des Nationalsozialismus: Wikipedia." *Wikipedia, die freie Enzylkopädie*. 2007.
20   https://de.wikipedia.org/wiki/Liste_verbotener_Autoren_w%C3%A4hrend_der_Zeit_des_Na tionalsozialismus (Zugriff am 1. Januar 2020).

Maren Stiebert, ndr.de. „Der "Judenstern": Zeichen der Verfolgung: NDR." *NDR*. 12. November 2001. https://www.ndr.de/geschichte/chronologie/Zeichen-der-Verfolgung,judenstern100.html (Zugriff am 28. Dezember 2019).

25   Müller, Simone. „Die Mutigen gegen den Nationalsozialismus." *Geolino Zeitreise: Nationalsozialismus & zweiter Weltkrieg*, Februar 2017: 52-55.

„Nationalsozialismus: Wikipedia." *Wikipedia, die freie Enzyklopädie*. 2007. https://de.wikipedia.org/wiki/Nationalsozialismus (Zugriff am 29. Dezember 2019).

Ohm, Lena. „Hans Scholl: "Gott ist bei uns": Evangelisch.de." *Evangelisch.de, mehr als du glaubst*. 22.
30   September 2018. https://www.evangelisch.de/inhalte/151846/22-09-2018/widerstandskaempfer-mitbegruender-weisse-rose-hans-scholl-100-geburtstag (Zugriff am 1. Januar 2020).

Rhue, Morton. *Die Welle*. Ravensburg: Otto Maier Verlag, 1987.

Simon, Franziska. „Dagegen! - Mutige im NS-Staat." *Geolino Extra: Die Geschichte Deutschlands -
35   Vom Kaiserreich bis heute*, Februar 2014: 54-58.

„Verbotene Bücher: Wikipedia." *Wikipedie, die freie Enzyklopädie*. 2007. https://de.wikipedia.org/wiki/Liste_verbotener_Autoren_w%C3%A4hrend_der_Zeit_des_Na tionalsozialismus (Zugriff am 30. Dezember 2019).

„Widerstand gegen den Nationalsozialismus: Wikipedia." *Wikipedia, die freie Enzyklopädie*. 2007.
40   https://de.wikipedia.org/wiki/Widerstand_gegen_den_Nationalsozialismus (Zugriff am 30. Dezember 2019).

BEI GRIN MACHT SICH IHR
WISSEN BEZAHLT

- Wir veröffentlichen Ihre Hausarbeit,
  Bachelor- und Masterarbeit

- Ihr eigenes eBook und Buch -
  weltweit in allen wichtigen Shops

- Verdienen Sie an jedem Verkauf

Jetzt bei www.GRIN.com hochladen
und kostenlos publizieren